'S'dim ots gen i

Cyfranwyd at gostau'r cyhoeddi:
Er Cof am Budd

PARC MEWN UNRHYW DREF FAWR YW'R
MAE'R FAINC YN EDRYCH YN DDENIADOL.
FAINC YN DARLLEN CYLCHGRAWN. DAW
AM EI PHLENTYN.

YMWELYDD 2:   Jason... Jason... (YN CROESI AR DRAWS Y LLWYFAN) Jason... Jason... (ALLAN)

(YMWELYDD 1 YN CODI AC YN MYND ALLAN I GYFEIRIAD Y TY BACH. DAW GWRAIG 1 TUAG AT Y FAINC, TYNNU'R LLWCH ODDI ARNI, AC YN EISTEDD. YMHEN YCHYDIG DAW GWRAIG 2 I'R GOLWG, GAN GERDDED YN ARAF TUAG AT Y FAINC)

GWRAIG 2:   Allet ti fod wedi aros.

GWRAIG 1:   'Roedd yn rhaid i mi frysio cyn i'r ddynas 'na ddod yn ôl o'r tŷ bach.

GWRAIG 2:   Falle ddaw hi ddim yn ôl.

GWRAIG 1:   O daw, mi ddaw. Mi fedrwn i ei weld o ar i wyneb hi. Tydi rhai pobl yn malio dim am neb arall.

GWRAIG 2:   Mae ganddi hi gymaint o hawl i'r fainc 'ma ag sydd ganddo ni.

GWRAIG 1:   Mi 'rydan ni yn ei defnyddio hi pob diwrnod, yn tydan ni?

GWRAIG 2:   Pob diwrnod ffein.

GWRAIG 1:   Iawn 'ta, pob diwrnod braf. Beth bynnag, fe fetia i fod ganddi hi ardd. Os ydi hi 'isio eista' allan mi fedra hi ddefnyddio honno.

GWRAIG 2:   ' Falle bod yn well ganddi hi fod yn y parc.

GWRAIG 1:   O rho gorau iddi wnei di - 'rwyt ti'n mynnu mynd ymlaen ag ymlaen. Nagio fel blwmin ddanodd.

GWRAIG 2:   (YN FUDDUGOLIAETHUS) Dyna fi wedi dy ddal di! (YN DAL ALLAN EI LLAW) Ugain ceiniog.

GWRAIG 1   Be' sy' 'rwan?

GWRAIG 2:   "Blwmin". Dyna be' dduedist ti, - "blwmin". A 'doeddat ti ddim yn mynd i ddefnyddio iaith eto. Fe wnes ti addo i Matron na fydda ti byth yn rhegi eto. Un o'r dyddia' nesa' yma fe gei di dy daflu allan o'r Catra', gei di weld.

GWRAIG 1:   Tydi "blwmin" ddim yn rhegi.

'S'dim ots gen i

GWRAIG 2: Wrth gwrs i fod o'. Tydi pobol neis ddim yn ei ddeud o'. Fyset ti byth yn clywed gwraig y gw'nidog yn gweiddi arno fo i roi ei blwmin coler yn syth, fydda ti?

GWRAIG 1: Ddyla ti ddim deud petha fel 'na.

GWRAIG 2: Pam lai? 'Dwi'n onest. (SAIB) Mor onest a'r dydd.

GWRAIG 2: Y trwbwl ydi, 'does gen i ddim ffydd.

GWRAIG 1: Beth s' gan hynny i wneud efo'r peth?

GWRAIG 2: 'Dwi'n cofio'r hen Mrs Watson lawr yn y "Salvation" ers talwm yn curo ar ei drwm - "Dim Ffydd - da i ddim."

GWRAIG 1: Er mwyn y nefoedd pam wyt ti wedi dechrau cyboli am ffydd?

GWRAIG 2: Pam lai? Mae'n rhaid i ni ladd amser rhywsut. Mae'n rhaid i ni siarad am rhywbeth.

GWRAIG 1: Fe allwn ni eista' yn dawel am sbel.

GWRAIG 2: Clywch pwy sy'n siarad! 'Tasa ti'n mynd yn dawel, mi gaet ti dy fesur am arch.

GWRAIG 1: Mi fasa rhywun yn meddwl dy fod ti mor dawel a "blwm...." a Spinks wrando arnat ti'n siarad.

GWRAIG 2: Be' di Spink?

GWRAIG 1: SPINKS. Sssss. Mae 'n 'ES' pob amsar.

GWRAIG 2: Ond be' ydi o?

GWRAIG 1: 'Rown i mo'r byd am fod mor anwybodus a chdi.

GWRAIG 2: Olreit, deud wrtha' i ta.

GWRAIG 1: Deud be' wrtha ti?

GWRAIG 2: Be' ydi Spink?

GWRAIG 1: Spinks. Sssss (SAIB) Rhyw fath o anifail ydi o, sy'n byw yn yr Aifft. Mae'n rhaid dy fod ti wedi clywad pobl yn deud "yn dawel fel Spinks".

GWRAIG 2: Naddo. Beth bynnag, 'dydio ddim yn gwneud synnwyr.. Pam pigo ar Spinks? Os mai anifail ydi o, fasa'n waeth i ti ddeud "yn dawel fel llew", neu "yn dawel fel ci".

GWRAIG 1: Mae llewod yn rhuo, a chwn yn cyfarth. Mae nhw yn g'neud swn.

'S'dim ots gen i

GWRAIG 2: Tydi Spinks yn g'neud dim felly?

GWRAIG 1: Na, dim byd. Mae nhw'n fud.

GWRAIG 2: Mae nhw'n be?

GWRAIG 1: Yn fud. Tydy nhw ddim yn g'neud unrhyw swn o gwbwl.

GWRAIG 2: Mae'n swnio fel lot o nonsens i mi. Y drwg ydi dy fod ti wedi darllen gormod. Ti'n darllen pethau sydd dros dy ben di, ond wnei di ddim cyfadda' nad wyt ti'n deall i hanner nhw. Pam na ddarlleni di gylchgronnau a'r (YN DANGOS LLYFR) stwff hawdd yma?

GWRAIG 1: Y sothach 'na o'r llyfrgell? Dim diolch. (GAFAEL YN Y LLYFR) "One other Gaudy Night" (YN WAWDLYD) Faint sydd ers pan gest ti "gaudy night" - os y cest ti un erioed? Son am ddeall be' ti'n ddarllen!

GWRAIG 2: Fe gei di rai pethau addysgiadol iawn mewn cylchgronnau. Wythnos d'wytha' 'roedd 'na rhywbeth am y boblogaeth yn tyfu'n ormodol - pobol yn cael gormod o blant.

GWRAIG 1: Mae dy gydwybod di'n dawel ar y cownt yna beth bynnag.

GWRAIG 2: 'Does dim rhaid i ti ddeud petha ciaidd jyst am dy fod ti wedi bod yn briod, a bod gen ti ferch a wyrion.

GWRAIG 1: Sori, 'doeddwn ddim yn meddwl dim drwg.

(SAIB)

GWRAIG 2: Gest ti ddwrnod da efo'r ferch ddoe?

GWRAIG 1: Hyfryd, hyfryd iawn. 'Roedd hi mor oer a gwlyb aethon ni ddim allan. Mi arhoson ni mewn a chwara' cardia' efo'r plant.

GWRAIG 2: Sut mae'r plant?

GWRAIG 1: O, iawn. 'Rocdd hi'n ddwrnod gwobrwyo yn yr ysgol wsnos dwytha',ac fe gafodd y ddau lot o wobra'. Mae nhw'n gneud yn hynod o dda.

GWRAIG 2: Mae'n braf 'bod nhw mor alluog.

GWRAIG 1: Ydy'. Mi fasa'n dda gen i 'taswn i wedi cael 'u cyfle nhwi i ddod ymlaen mewn bywyd. (TISIAN)

GWRAIG 2: 'Rwyt ti wedi cael anwyd eto.

GWRAIG 1: Paid a gwneud ffys. (TRÊN YN CHWIBANU YN Y PELLTER) Clyw! Trên chwarter wedi hanner dydd yn mynd am Gaergybi.

'S'dim ots gen i

GWRAIG 2: Mae gen ti glusia' main i glywed y trên fel'na. (Y DDWY YN EDRYCH I'R PELLTER) Dyna'r mwg. Fasa'ti'n lecio bod ar y trên 'na?

GWRAIG 1: Na, dim ar honna. Mi fas'n well gen i aros a dal trên hanner awr wedi un am Gaer. Lle braf ydi Caer - walia' mawr, strydoedd diddorol a gerddi hyfryd.

GWRAIG 2: 'Rwyt ti wedi bod yno felly?

GWRAIG 1: 'Dwi wedi bod mewn llawer o lefydd. 'Dwi ddim wedi bod yn 'stuck' mewn cartra hen bobol drwy'r amser 'ysti.

GWRAIG 2: 'Rwyt ti'n ei gasau yn 'dwyt ti?

GWRAIG 1: Be'?

GWRAIG 2: Bod mewn cartra'.

GWRAIG 1: Mae o'n ol reit. Mae'n rhaid i un fyw yn rhywle.

GWRAIG 2: 'Rwyt ti'n lwcus. Fe allet ti fynd i fyw efo dy ferch.

GWRAIG 1: Gallwn, ond faswn i ddim yn mynd. Mae'r ferch a finna yn tynnu ymlaen yn iawn fel 'rydan ni - ond faswn i ddim isio bod yn faich.

GWRAIG 2: Pam fyddet ti? 'Rwyt ti'n cael iechyd da iawn ac fe fedri droi dy law at unrhywbeth, fel mae Matron yn deud.

GWRAIG 1: 'Does dim rhaid iti fod yn sâl i fod yn faich. Mi fedri di fod yn faich jyst wrth fod yna. Mae dwy genhedlaeth yn siwr o weld petha'n wahanol.

GWRAIG 2: Mae hynny yn naturiol.

GWRAIG 1: A 'dwi'n gwybod 'mod i'n gallu bod yn hen ddynas gecrus a digon annymunol.

GWRAIG 2: Faswn i ddim yn deud hynny.

GWRAIG 1: Basat - ac wedi deud hynny droeon mae'n debyg. (PESWCH)

(SAIB)

GWRAIG 2: 'Fasa'n dda gen i 'tasa ti ddim yn deud petha' fel 'na.

GWRAIG 1: Mae o'n wir 'n tydi? 'Does gen i ddim ofn wynebu petha' fel ag y mae nhw.

GWRAIG 2: Mae gen ti syniadau od.

GWRAIG 1: Am beth?

'S'dim ots gen i

GWRAIG 2: Am lot o betha'. Ffrindia' er engraifft.

GWRAIG 1: Ti, er engraifft.

GWRAIG 2: Ie. 'Dwi ddim yn gwybod pam wyt ti'n troi arna'i o hyd - y petha 'rwyt ti'n ddeud 'just i mrifo i.

GWRAIG 1: 'Rwyt ti'n rhy hawdd i dy frifo 'rhen gariad, dyna dy drwbwl di. 'Tasa ti wedi symud o gwmpas yr hen fyd yma fel fi, mi fasat ti wedi dod yn llawer mwy gwydn - mi fasa wedi bod yn rhaid i ti.

GWRAIG 2: 'Dwi ddim yn meindio i ti fod yn gas weithia, 'tasa ti ond yn deud rhywbeth gwirioneddol ffeind wrtha' i 'rwan ac yn y man.

GWRAIG 1: Beth wyt ti isio imi ei ddeud?

GWRAIG 2: Unrhyw beth. Rhywbeth fel - bod y ffaith ein bod ni'n ffrindia'n golygu llawer i ti - ei fod o yn bwysig i ti. Ddim fel dy ferch dwi'n gwybod - mae teulu yn wahanol, ond - wel - yn bwysig, yn ffrind speshial.

GWRAIG 1: Pam bod yn rhaid i mi ei ddeud o? (TAWELWCH) 'Dwi'n siarad lot efo chdi yn tydw? 'Rydan ni'n dwad allan efo'n gilydd 'n tydan? Beth mwy ti isio? 'Does bosib' bod rhaid i mi ddeud wrthat ti. Tydi geiria'n golygu dim.

GWRAIG 2: Mae nhw i mi.

(TAWELWCH ETO)

GWRAIG 1: 'Dwyt ti ddim yn crio wyt ti? (YN FLIN) O paid a chrio er mwyn popeth. Fues i 'rioed yn dda i ddim efo dagra'.

GWRAIG 2: 'Dwi'n gwbod hynny. Mae o'n biti.

GWRAIG 1: Be' wyt ti'n feddwl?

GWRAIG 2: Dim ots. 'Dwi ddim yn crio. Angofia fo.

GWRAIG 1: (AR GOLL BETH I'W DDWEUD) 'Drycha, mi 'rydan ni'n ffrindia' - ffrindia' pennaf mae'n debyg. Ol reit 'rydan ni'n cael ambell i ffrae fach, ond mae hynny yn ein cadw ni'n fyw yn tydi? Pam wyt ti yn gwneud dim, - just bod yn boleit - dyna pryd mae trwbwl yn dechra'.

GWRAIG 2: Anghofia fo, wnei di byth ddeall.

GWRAIG 1: Gwranda mae'r giat mochyn 'na'n symud. 'Dwi'n meddwl mai'r ddynas 'na sy'n dod allan. Ia hi ydi hi. (SAIB) Mae hi'n dwad ffordd hyn. Os arhosith hi, wyt ti'n gwybod be' i wneud.

(DAW YMWELYDD 1 AT Y FAINC GYDA'R BWRIAD O EISTEDD ARNI, OND MAE SYMUDIADAU Y DDWY YN EI RHWYSTRO I WNEUD

'S'dim ots gen i

HYNNY. WEDI EI THRECHU MAE'R YMWELYDD YN CERDDED I FFWRDD, GAN ADAEL TEIMLAD OF FODLONRWYDD RHWNG Y DDWY WRAIG)

GWRAIG 1: Dyna hi wedi ei setlo.

(SAIB HIR. MAE GWRAIG 2 YN CEISIO DARLLEN EI LLYFR OND YN METHU A CHANOLBWYNTIO)

GWRAIG 2: Deud wrthai eto lle buost ti ddoe.

GWRAIG 1: Dim 'rwan. Mi ddeudai wrthat ti 'nes ymlaen heno, fel 'dwi'n gneud fel arfer ar nos Lun.

GWRAIG 2: Mi faswn i wrth fy modd 'tasa ni'n gallu cael y teli. Mae 'na ffilm dda 'mlaen.

GWRAIG 1: Ti'n gwbod na wnaiff Matron adael i ni gael ffilms 'rwan. Mae hi wedi blino diffodd y set pan mae nhw'n dangos pobol yn y gwely, deud ein bod ni'n cynhyrfu gormod.

GWRAIG 2: Mi fetia i ei bod hi'n gadael ei set hi 'mlaen.

(MAE'N CODI AC YN EDRYCH I'R CYFEIRIAD O BLE DAETH Y DDWY)

GWRAIG 2: 'Roeddwn i'n eitha' licio'r fainc lle 'roedda' ni nghynt. 'Roedd o yn newid.

GWRAIG 1: 'Rwyt ti bob amser yn chwilio am rhywbeth newydd yn 'dwyt? Mi 'ryda' ni yn dwad yma bob amser yn tydan? Mae'n gysgodol, mae'n braf ac yn ymyl y tai bach. (SAIB TRA Y MAE'N EDRYCH I'R PELLTER) 'Doedd o ddim yn weddus i ni ista o flaen y 'statue' newydd anghynnes 'na. Mi fydda pobol yn siarad.

GWRAIG 2: Mi fedri di ddal i'w weld o o'r fan hyn, cofia di.

GWRAIG 1: Ddim mor glir.

GWRAIG 2: 'Sgwn i pwy ydi o? Y 'statue' 'dwi'n feddwl.

GWRAIG 1: Dyn ydi o.

GWRAIG 2: 'Dwi'n gwybod hynny, diolch yn fawr. 'Dwi ddim mor wirion a hynny. Be 'dwi'n feddwl ydi - pwy ydi o?

GWRAIG 1: Eros mae'n debyg, Duw Cariad. Mae ganddo fe saetha'.

GWRAIG 2: 'Falla mai Robin Hood ydi o.

GWRAIG 1: Paid a siarad mor wirion, mae o'n noeth lymun. A pheth arall, adennydd

'S'dim ots gen i

	ydi'r petha' 'na, y petha' 'na sydd ar ei gefn o i fod.
GWRAIG 2:	O. (SAIB) Mae o yn od - y modern art 'ma 'dwi'n feddwl. Edrych ar y pen mawr a'r traed anferth 'na - a'i ddwylo fo. Wel; 'does dim byd y maint iawn, oes 'na?
GWRAIG 1:	Am mai duw ydi o siwr iawn.
GWRAIG 2:	'Tydi'r ffaith bod gen ti bethau'r maint anghywir ddim yn dy wneud ti'n dduw. Beth am yr hen Bili West? Mae ganddo fo ben anferth, a ma' nhw yn 'i gadw fo yn y Seilam.
GWRAIG 1:	Ddim 'rwan, mae o wedi marw. Wyt ti ddim yn cofio? Wythnosa' 'nôl.
GWRAIG 2:	O ia - yr hen Bili druan. (YN SYNFYFYRIOL) Fe aetho' nhw a fo lawr i'r creamatorium. Tydio ddim yn iawn rhywsut - i losgi pobol.
GWRAIG 1:	Mae o dipyn glanach. A crematorium ydi o, nid creamatorium. 'Rwyt ti'n siarad fel tasa fo wedi cael ei stwnsio efo menyn.
	(DAW MERCH IFANC I MEWN, MAE'N TYNNU PACED O FRECHDANNAU O'I BAG AC YN DECHRAU BWYTA. MAE'R DDWY WRAIG YN EDRYCH ARNI GYDA DIDDORDEB)
GWRAIG 1:	(I'W FFRIND) 'Rydw i am fynd i'r tŷ bach. Ych a fi! 'Nhraed i - pob amser yn waeth yn tywydd poeth 'ma. (MAE'N EDRYCH DRAW AT Y FERCH) Bore da.
Y FERCH:	Bore da. (MAE'N SYMUD I FFWRDD; GWRAIG 2 YN CODI)
GWRAIG 2:	Edrych ar y ferch 'na mewn difri' - dyna i ti "get-up". Mae nhw'n gwisgo unrhyw beth y dyddia' 'ma.
GWRAIG 2:	Dim siap arni o gwbwl.
GWRAIG 1:	Dim digon o siap i wisgo peth fel'na heb strapia.
GWRAIG 2.	Gwarthus o beth, a tydio ddim ond yn dwad lawr at ei phenglinia' hi.
GWRAIG 1:	Fe fydd i lawr at ei 'sgidia hi os na fydd hi'n ofalus. Cadw dy lygad ar 'n brechdana' ni.
	(MAE YN MYND ALLAN. AR ÔL SAIB BYR, MAE GWRAIG 2 YN SIARAD A'R FERCH, SYDD WEDI NESU AT Y FAINC)
GWRAIG 2:	D'wrnod braf, d'wrnod braf, d'wrnod braf.
Y FERCH:	Ydi.
GWRAIG 2:	Gwell na ddoe, efo'r holl law yna.

'S'dim ots gen i

Y FERCH: Ia.

GWRAIG 2: Braf cael 'ch cinio allan yn tydi? Ydach chi'n i gael o'n amal?

Y FERCH: Weithiau.

GWRAIG 2: 'Dwi ddim wedi'ch gweld chi yma o'r blaen.

Y FERCH: 'Dwi ddim yn dod yma fel arfer. Dim ond heddiw.

GWRAIG 2: Gan ych bod chi'n edrych o'ch cwmpas jyst 'rwan, 'ron i'n meddwl falla 'ch bod chi'n cyfarfod ffrind.

Y FERCH: 'Falle.

GWRAIG 2: Boy friend" 'dwi'n ama'. Boyfriend 'dwi'n ama'. ('DYW'R FERCH DDIM YN ATEB. GWRAIG 2 YN CEISIO ETO)

GWRAIG 2: Pan 'oeddwn i 'ch oed chi 'roeddwn i'n canlyn soldiwr. 'Roedd o yn yr Ordnance Corps.

Y FERCH: Diddorol iawn.

GWRAIG 2: Dim felly. Hogyn ddigon clen, ond fawr of bishyn wedi i grenade ffrwydro yn ei law o. Mi chwythodd ei glust o i ffwrdd.

Y FERCH: Ych a fi.

GWRAIG 2: 'Roedd o'n biti o deud y gwir. Ei gneud hi'n anodd braidd i gael sgwrs efo fo. (SAIB) Ydy'ch 'chap' chi yn dipyn o bishyn.

Y FERCH: Mi fuasa'n well gen i beidio siarad amdano fo a deud y gwir.

GWRAIG 2: Rhywbeth yn bod.

Y FERCH: Nacoes siwr iawn. 'Dwi jyst ddim isio trafod fy mywyd personol efo rhywun diarth'.

GWRAIG 2: Wel mi ydach chi'n ddifanars iawn, mae'n rhaid deud a finna' wedi trio bod mor glen. 'Dwi ddim yn un i wthio fy hun ar neb - jyst yn licio bod yn glen.

Y FERCH: Mae'n ddrwg gen i - 'doeddwn i ddim wedi bwriadu bod yn anghwrtais. 'Dwi'n ei chael hi' anodd i siarad - wel efo pawb a dweud y gwir. Ar wahan i - fy ffrind.

GWRAIG 2: Eich ffrind?

Y FERCH: Yr un 'dwi'n aros amdano fo.

GWRAIG 2: Mae o'n hwyr ydi o?

'S'dim ots gen i

Y FERCH:	Ydi. 'Tydi o ddim yn un da iawn am gadw amser.
GWRAIG 2:	Mae'n siwr bod hynny yn achosi tipyn o ddadla' weithia'.
Y FERCH:	Ydi, mae o. 'Dwi'n dechra' ama' tybed a'i dyma' lle 'roedd o wedi trefnu i ni gyfarfod. Wrth y tai bach ddeudodd o, - fel rhyw fath o 'landmark'.
GWRAIG 2:	Rhamantus iawn.
Y FERCH:	Mae o'r unig le yr oeddan ni'n dau yn gwbod amdano fo. Os yna rhai eraill yn y parc 'ma rhywle.
GWRAIG 2:	Gofynwch i'm ffrind pan ddaw hi'n ôl. Mae hi'n gwbod lle ma' nhw i gyd.
Y FERCH:	Diolch.
GWRAIG 2:	(YN GYFRINACHOL) Mae hi'n cael trafferth 'dach chi'n gweld. 'Dwi'n lwcus - byth yn cael fy mhoeni fel 'na. O - dyma hi 'rwan 'dwi'n meddwl. Pob amser yn cael problem wrth ddwad drwy'r giat mochyn 'na. Mae hi'n anobeithiol efo unrhyw fath o 'fachines'.
	(Y DDWY YN EDRYCH I'W CHYFEIRIAD, GWRAIG 2 YN SYMUD I WEIDDI'N GEFNOGOL ATI, "GWTHIA FE CARIAD, GWTHIA FE." A.Y.Y.B. DAW GWRAIG 1 I'R GOLWG GAN 'RWGNACH)
GWRAIG 1:	Un o'r dyddia nesa' 'ma mi fydda' i yn mynd yn sownd am byth yn y bloom... yn y peth 'na.
GWRAIG 2:	Mae'r ferch ifanc 'ma yn meddwl bod yna dai bach rywle arall yn y parc 'ma.
GWRAIG 1:	'Does dim byd yn bod ar y rhain - ar wahan i'r giat mochyn. (I'R FERCH) Mi fasach chi'n mynd drwyddi ddigon hawdd.
GWRAIG 2:	'Ti ddim wedi deall. Ei chariad hi....
GWRAIG 1:	Mae'r lle dynion yr ochor arall.
GWRAIG 2:	Gwranda. Mae hi i fod i gyfarfod ei chariad yn ymyl y tai bach. Oes yna rhai eraill yn parc 'ma?
GWRAIG 1:	Ddim yn hwn. Mae 'na dri lot yn Glanadda.
Y FERCH:	'Dwi'n siwr mai dyma'r parc iawn. Diolch yn fawr i chi. Mae'n debyg y bydd o yma mewn munud.
	(MAE'N CERDDED I FFWRDD, YNA YN TROI A CHERDDED YN ÔL YN ARAF. Y DDWY WRAIG YN EDRYCH ARNI GYDA DIDDORDEB, AC YN SIARAD PAN Y MAE HI DDIGON AGOS I GLYWED)

'S'dim ots gen i

GWRAIG 1: Gweithio mewn swyddfa mae o ia? 'Ych cariad chi.

Y FERCH: Na, myfyriwr ydio.

GWRAIG 1: O, un o'r pethau haerllug 'na o'r coleg 'na?

GWRAIG 2: O, 'rwyt ti mor gas.

GWRAIG 1: Paid a bod mor wirion - 'dwi'n meddwl un o'r rhai'na sy'n peintio ar walia' ac yn herio pawb a phopeth.

Y FERCH: Ydi, mae o. (YN HERFEIDDIOL) Fel mater o ffaith mae o yn un o'r rhai sy'n arwain.

GWRAIG 1: Ydio wir.

Y FERCH: Mae'n siwr eich bod chi'n meddwl bod hynna'n ofnadwy.

GWRAIG 1: Nacydw i. 'Dwi ddim yn deall pam mae o a'r lleill yn ei wneud o, ond os ydyn nhw yn gwbod, wel pob lwc iddyn' nhw.

(YMWELYDD 2 YN RHUTHRO I MEWN I SIARAD A'R DDWY WRAIG. YN EI BRYS MAE YN SATHRU AC YN BAGLU DROS UN O'R BAGIAU WRTH Y FAINC)

GWRAIG 2: Byddwch yn ofalus.

YMWELYDD 2: Byddwch chi yn ofalus ble 'dach chi'n rhoi'ch petha'. (SAIB) Ydach chi wed gweld bachgen bach mewn 'jeans' glas?

GWRAIG 1: Gannoedd o weithia'. 'Dach chi ddim?

(YMWELYDD 2 YN RHUTHRO ALLAN YN DDIG)

'Roedd hi'n haeddu hynna.

GWRAIG 2: (YN EDRYCH AR GYNNWYS Y BAG) Ych a fi, am stomp! Corn biff wedi 'i gymysgu efo banana.

GWRAIG 1: (I'R FERCH) Dyna'r ddynas ddwynodd ein sêt ni yn fan'ma 'r wythnos d'wytha'. Pob amser yn rhedeg ar ôl y shinach bach 'na sy' ganddi. Y trwbwl ydi, mae hi pob amser yn dod o hyd iddo fo.

GWRAIG 2: Mae hi'n ta ta ar ein brechdana' ni.

Y FERCH: Hwdiwch, cym'rwch un o'm rhai i.

GWRAIG 2: O na.

Y FERCH: Cym'rwch un. 'Dwi wedi cael digon a deud y gwir. 'Does dim llawer o isio

'S'dim ots gen i

bwyd arna i.

(Y DDWY WRAIG YN CYMERYD BRECHDAN, Y FERCH YN GWASGU'R PAPUR I FYNY)

GWRAIG 1: Diolch. (SAIB BYR TRA MAE'R DDWY YN BWYTA) 'Dych chi wedi cynhyrfu i gyd, wrth gwrs, yn cyfarfod a'ch cariad. (OCHENAID) Oed braf, pob amser yn cael iar bach yr ha' yn 'ch stumog am 'ch bod chi mewn cariad. Yn fy oed i, be' mae'r corddi yn ei olygu ydi pestri poeth neu fara ffresh. (YN ATGOFUS) 'Dwi'n cofio pan wnes i gyfarfod Harri gynta' 'roeddwn i'n teimlo'n sal am wsnosa'.

GWRAIG 2: 'Tydi o ddim yn dilyn ma' cariad oedd o. Debycach o fod yn gamdreuliad.

GWRAIG 1: (I'R FERCH) Peidiwch a chym'ryd sylw ohoni hi. 'Does ganddi hi ddim enaid, 'does 'na ddim rhamant yn perthyn iddi hi o gwbwl.

GWRAIG 2: Huh! Rhamant! (MAE YN EDRYCH O GWMPAS, AC YN CODI'R PACED BRECHDANNAU, CYN SYMYD I FFWRDD TUAG AT Y BIN SBWRIEL)

GWRAIG 1: Mae hi'n iawn yn y bôn, a deud y gwir, ond yn sobor o gul. Wedi cael ei magu yn y capel 'dach chi'n gweld. Batus oedd 'i thad hi, a'i mham yn Bedestrian.

Y FERCH: Ydach chi'ch dwy yn byw efo'ch gilydd?

GWRAIG 1: Ydan. Efo merched hŷn eraill.

Y FERCH: O 'rwyn gweld, mwn cartra'.

GWRAIG 1: Mewn gwestŷ arbennig i ferched hŷn.

Y FERCH: Ydych chi wedi bod yno'n hir?

GWRAIG 1: Blwyddyn neu ddwy, ers i'r gŵr farw.

Y FERCH: Ydi o yn gartref - yn westŷ neis?

GWRAIG 1: Mae o'n iawn. Mae pawb reit ffeind a deud y gwir - yr hyn sy'n gas gen i ydi bod yn un o griw - dim byd yn breifat - dim lle bach i chi'ch hun. 'Dydych chi'n berchen dim, dim hyd yn oed cadair. Cadair yn arbennig.

Y FERCH: Beth am y perchennog, - y - rheolwr?

GWRAIG 1: Metron? Mae hi'n olreit - trio'i gora'. Mae rhywbeth reit hurt ynddi a deud y gwir - braidd yn blentynnaidd. Ein galw ni'n 'genod'. Ych a fi! Weithia' dwi'n teimlo fel rhoi clustan iddi hi. Ond fel dwi'n deud, mae hi'n gneud 'i gora'.

'S'dim ots gen i

Y FERCH: Ydi'ch ffrind yn wraig weddw hefyd?

GWRAIG 1: Na, ddaru hi erioed briodi. 'Dwi'n ama' fu ganddi erioed gariad, a deud y gwir. Mae hi'n deud yn wahanol wrth gwrs - mae o'n fater o hunan barch, 'dach chi'n gweld. Fedrwch chi ddim wynebu henaint os ydach chi wedi bod heb ddim ar hyd eich hoes.

Y FERCH: A 'rydach chi yn cym'ryd arnoch 'ch bod chi'n ei chredu hi?

GWRAIG 1: Wrth gwrs. Hi ydi fy ffrind i 'dach chi'n gweld. Y drwg ydi, tydi hi ddim yn un dda iawn am ddeud celwydd. Yr holl gapel 'na mae'n siwr. Yr hen gryduras.

Y FERCH: Mi 'rydach chi'n ffeind.

GWRAIG 1: 'Dwi teimlo bod gen i ddyled iddi hi rywsut. Mae'r cwbwl wedi bod mor wahanol i mi. Mi ges i briodas hapus, mae gen i ferch hyfryd a wyrion sy'n meddwl y byd ohono i.

Y FERCH: 'Da chi'n dod ymlaen yn dda efo pobol ifanc.

GWRAIG 1: Ydw, ac wedi bod felly erioed. (MAE YN AGOR EI BAG, AC YN TYNNU ALLAN HEN LUNIAU) Dyma'r gŵr. A dyma'r ferch - y mab yng nghyfraith a'r plant.

Y FERCH: Teulu hyfryd. (SAIB) Mae nghariad i yn meddwl fod priodas yn hen ffasiwn. Mae o'n deud mai twyll ydi o - mi 'rydan ni y gyd yn cael ein cyflyrru gan yr hysbysebion ar y teledu. Wyddoch chi y teulu hapus yn bwyta "Cornflakes", mynd am dro yn y car, cael gwylia' dramor - y cyfan yn codi cyfog arno fo medda' fo.

GWRAIG 1: 'Wela i ddim bai arno fo.

Y FERCH: Ydi'r ferch yn byw yn y cyffinia'?

GWRAIG 1: Rhyw ugain milltir i ffwrdd - mewn pentra' bychan. O hyd yn gofyn i mi ddod atyn' nhw i fyw. Mae gan y mab yng nghyfraith job dda, a mae o'n awyddys iawn i mi symud.

Y FERCH: Pam na wnewch chi?

GWRAIG 1: Na fydda' fo ddim yn gweithio. Mi ydan ni'n hapus fel ag yr ydan ni. 'Dwi'n mynd i'w gweld nhw'n rheolaidd - pob yn ail ddydd Sul, a mi ydan ni'n cael diwrnod wrth ein bodd. Dyna sy'n rhoi pwrpas i mywyd i wrth gwrs - y nhw ydi mywyd i.

(MAE YNA SAIB, TRA MAE HI YN EDRYCH LAWR Y LLWYBR)

GWRAIG 1: Mae hi'n dwad yn ôl. Yr hen dlawd - 'does ganddi neb 'dach chi'n gweld - wedi bod felly 'rioed. Wedyn mae gan bobol biti drosoch chi a mae hynny

'S'dim ots gen i

	yn hen beth annifyr. Pan mae gan rhywun deulu mae ganddo fo ei falchder - a'i annibyniaeth. (YN PWYNTIO I'R PELLTER)
GWRAIG 1:	Clywch, trên yn dod i mewn o Junction.
GWRAIG 1:	Ydach chi'n trafeilio tipyn?
Y FERCH:	Dim llawer. Mae fy ffrind i'n gwneud. Mae'n debyg nad ydach chi yn teithio rhyw lawer?
GWRAIG 1:	O ydw - 'dwi bob amser yn mynd ar wylia' efo'r ferch. 'Dwn i ddim pam 'u bod nhw'n mynd a hen wreigan fel fi efo nhw.
Y FERCH:	Mae'n debyg eich bod chi yn gwmpeini da - yn enwedig i'r plant.
GWRAIG 1:	O ydw, mi ydw'i wrth fy modd yn eu gwarchod nhw.
	(GWRAIG 2 YN DYCHWELYD)
GWRAIG 2:	Oeddat ti'n meddwl mod i wedi bod yn hir?
GWRAIG 1:	Nacoeddwn. Oeddwn; mae'n debyg fy mod i.
GWRAIG 2:	'Roeddwn i'n meddwl falla y basat ti wedi dechra' poeni, ond fe ddylwn i wbod na fasat ti ddim hyd yn oed wedi sylwi 'taswn i wedi syrthio a torri 'nghoes.
GWRAIG 1:	Olreit, olreit wnes i ddim sylwi, achos 'mod i ar ferch ifanc yma wedi bod yn sgwrsio. Beth bynnag, ble 'rwyt ti wedi bod?
GWRAIG 2:	I 'nôl y pasties yma, lawr yn y caffi 'na.
GWRAIG 1:	Er mwyn y nefoedd, i be?
GWRAIG 2:	'Roeddwn i yn meddwl y byddet ti'n ddiolchgar.
Y FERCH:	Dewch i 'iste fan hyn.
GWRAIG 2:	Mae'n rhaid inni gael rhywbeth i fyta cyn amser te.
GWRAIG 1:	Siwr o fod. Ond y lle yna - wel - Beth bynnag 'roeddwn i'n meddwl bod rhaid byta'r stwff yn y caffi.
GWRAIG 2:	Na, fe allwch ddod a fo allan efo chi. Welsochi neb mor ddiflas a honna tu ôl i'r cowntar. 'Roedd hi mor surbwch - felly dyma fi'n pwyntio at a notis sy' ganddyn' nhw ar y wal - "Dowch i mewn am bryd o fwyd a gair caredig."
GWRAIG 1:	Be' ddeudodd hi?

'S'dim ots gen i

GWRAIG 2: "Mae pasties yn bryd o fwyd 'n tydyn nhw?" a medda' finna' "Beth am y gair 'caredig'?". A dyma hitha'n deud "Os nad ydi'r pasties ddigon da, wel gwnewch heb ddim ta."

(MAE'N CODI'R LLUNIAU SYDD AR Y FAINC I FYNY)

GWRAIG 2: Pam fod rhain allan gen ti eto?

GWRAIG 1: 'Roeddwn i'n eu dangos nhw i'r ferch ifanc 'na.

GWRAIG 2: Mae'n syndod nad ydy' nhw wedi treulio'n dylla'.

(MAE'N RHOI'R LLUNIAU YN ÔL AR Y FAINC)

Y FERCH: 'Dwi'n meddwl y cerdda i draw at y giat arall i weld os ydi fy ffrind yno. Fe allwn i yn hawdd fod wedi gwneud camgymeriad. Fasa fo ddim jyst yn peidio a throi i fyny.

GWRAIG 1: Gobeithio y dowch chi o hyd iddo fo. Os y gwelwn ni ddyn ifanc yn hongian o gwmpas, mi ddeuda'i wrtho fo lle 'dach chi wedi mynd.

Y FERCH: Diolch. 'Dwi'n - gobeithio bydd y pasties yn iawn... Hwyl!

(ALLAN)

GWRAIG 1: 'Tydi o ddim yn mynd i droi i fyny, a mae hitha'n gwbod hynny. A mi fetia i mai dim dyma'r tro cynta' 'chwaith.

GWRAIG 2: Pam oedd hi'n gneud yr holl esgusodion yna drosto fo?

GWRAIG 1: Ond 'tyda ni i gyd yn gneud esgusodion? Mae'r gwir yn rhy greulon.

GWRAIG 2: Rel madam bach, 'roeddwn i'n meddwl. Eitha' gwaith iddi hi.

GWRAIG 1: Fe lecies i hi. Mae'n debyg ei bod hi braidd yn swil efo ti.

GWRAIG 2: 'Roedd hi i'w gweld yn siarad pymtheg y dwsin efi ti beth bynnag. Y ffordd 'rwyt ti'n siarad a phobol -mi fasa rhywun yn meddwl bod gen ti fwy o - ffrindia' agos.

GWRAIG 1: 'Tydi ffrindia' agos byth yn meindio'u busnes. Mae gen i fy nheulu - a fy llyfra'. Mae hynna'n hen ddigon.

GWRAIG 2: A fi.

GWRAIG 1: Ia, debyg.

(MAE YNA SAIB TRA MAE Y PASTIES YN CAEL EU HAGOR HEB RHYW LAWER O FRWDFRYDEDD)

'S'dim ots gen i

GWRAIG 1: Mae phobol ifanc mor lwcus y dyddia' 'ma, - yn tyfu i fyny a chymaint o gyfle ar gael iddyn' nhw.

GWRAIG 2: Fasa' ti ddim yn hoffi bod yr oed yna eto, fasa' ti?

GWRAIG 1: B'aswn. O b'aswn. Mi f'aswn i wedi gneud rhywbeth o' mywyd, b'aswn wir. Cael addysg go iawn - amser i ddysgu am gymaint o betha'. A geira' - yn medru siarad am unrhyw beth - dyna f'aswn i'n lecio. 'Dwi'n trio dysgu 'rwan - ond 'dwi'n mor ara' deg yn fy oed i. (SAIB) Beth amdana' ti?

GWRAIG 2: Be' amdana' i? Beth?

GWRAIG 1: Bod yr oed yna eto.

GWRAIG 2: Mynd drwy hynna i gyd eto? Dim peryg'. (MAE'N MEDDWL YN DDWYS) Mae 'mywyd i wedi para' can mlynedd yn barod - drwy'r amser ar fy mhen fy hun. 'Dwi' hapusach 'rwan na fum i 'rioed. O na. Dim hynna i gyd eto.

GWRAIG 1: Mae hi'n wahanol dyddia' 'ma.

GWRAIG 2: Ddim wir. Mae unigrwydd yn beth naturiol i rai pobol. Mae nhw'n cael eu geni efo fo, fel traed fflat Mrs Hall.

(SAIB ARALL)

GWRAIG 1: Mae'r pasties 'ma'n ofnadwy. Allet ti ddim fod wedi ffeindio rhywbeth gwell na rhain?

GWRAIG 2: Wel diolch yn dalpia'. Ar ôl i mi fynd i'r fath drafferth i'w nhol nhw tra 'roeddat ti'n siarad yn y fan'ma yn dal pen rheswm efo'r ferch 'na. Beth bynnag, 'doedd ganddyn' nhw ddim byd arall, ond rhyw frechdanna' sych yr olwg, ac ar ôl gweld dwylo'r ddynas 'na, 'doeddwn iddim yn ffansio dim byd 'roedd hi wedi rhoi ei phawena' arno fo.

GWRAIG 1: Beth am rhain?

GWRAIG 2: 'Roedd rhain wedi 'u lapio'n barod. Dim y hi 'wna'th nhw.

GWRAIG 1: Ych a fi.

(GWRAIG 2 YN CYMERYD Y PASTAI MEWN TYMER)

GWRAIG 1: Iawn 'ta, mi tafla i nhw i'r bin.

(GWRAIG 2 YN MYND ALLAN DAN DEIMLAD. WEDI PETH ANESMWYTHDYD MAE GWRAIG 1 YN DECHRAU DARLLEN LLYFR. YMHEN YCHYDIG DAW DYNES I MEWN, A SEFYLL YN Y CEFN YN EDRYCH O'I CHWMPAS. MAE YN GRYDURES BLER A THRIST YR

'S'dim ots gen i

	OLWG, GYDA GORMODEDD O GOLUR A HWNNW HEB EI ROI ARNO'N RHY DDA. MAE'N ANNODD DWEUD EI HOED)
Y DDYNES:	Helo, mam.
	(MAE'R WRAIG YN TROI FEL PE BAI WEDI IE THARO. MAE YN AMLWG EI BOD WEDI EI HYSGWYD AC MEWN SIOC. MAE SAIB HIR IAWN)
Y DDYNES:	Fe allech chi fentro deud helo. (MAE'R SAIB YN PARHAU) Deudwch rhywbeth, plîs.
GWRAIG 1:	'Does gen i ddim byd 'i ddeud.
Y DDYNES:	Mam, plîs, 'rwyn crefu arnoch chi. (MAE'N DAL EI LLAW ALLAN. MAE YN CAEL EI HANWYBYDDU) Mi wyddwn i y byddech chi'n galed. (MAE YN CYNNIG ETO) 'Roedd yn rhai i mi gael y'ch gweld chi.
GWRAIG 1:	Wyt ti mewn trwbwl eto? (Y DDYNES YN DAWEL) Mi wyddwn i.
Y DDYNES:	'Roeddech chi bob amser yn gwybod popeth.
GWRAIG 1:	'Dwi'n dy 'nabod di. Dduw mawr - 'dwi'n dy 'nabod di. Sut y doist ti o hyd imi eto?
Y DDYNES:	Metron ddeudodd wrtha' i.
GWRAIG 1:	(YN LLYM) Mi es ti i'r cartra'?
Y DDYNES:	Peidiwch a phoeni, wnes i ddim deud pwy ô'n i. Deud wnes i mod i isio'ch gweld chi ar fusnes.
GWRAIG 1:	Wel, mi wyt ti wedi fy ngweld i. Sut ffendis' ti ble 'ro'wn i'n byw?
Y DDYNES:	Fe welis i chi yn ista yn y stesion fisoedd yn ôl. Mi wnes i ych dilyn bob cam adra'.
	(GWRAIG 1 YN SYLLU YMLAEN HEB SYMUD)
Y DDYNES:	Mam, 'dwi wedi dod i ben fy nhennyn. Plîs, plîs. Faswn i byth wedi dod ato chi eto onibai 'i bod hi wedi dod i'r pen arna'i. Wnewch chi fy helpu i - am y tro ola' - 'dwi'n addo.
GWRAIG 1:	Y tro ola' - eto? (YN CHWERW IAWN) Na. Na, a 'dwi'n ei feddwl o. Mae'n wir fod gen i fymryn bach o arian ar ôl, ond i mi mae o. I mi. Dos at y dyn 'na sy'n byw efo ti.
Y DDYNES:	Mae o wedi 'ngadael i.
GWRAIG 1:	Wel dos i chwilio am un arall 'ta.

'S'dim ots gen i

(DAW GWRAIG 2 I MEWN YN DDIARWYBOD O'R TENSIWN SYDD YN Y SEFYLLFA. MAE HI YN DAL I FOD YN LLAWN THEIMLADAU EI HUNAN SYDD WEDI EU BRIFO)

GWRAIG 2: Fe ffeindiodd y ddynas 'na ei phlentyn. 'Roedd o'n fwd o'i goryn i'w sowdl a - o mae'n ddrwg gen i. Wyddwn i ddim mod i yn rhoi fy mhig i mewn fel arfer.

(MAE YN SYMUD I FFWRDD. GWRAIG 1 YN SIARAD GYDAG ANHAWSTER)

GWRAIG 1: Fe ddechreuais i siarad efo'r person 'ma.

GWRAIG 2: (WRTH Y DDYNES) Mae hon pob amser yn tynnu sgwrs efo pobol. Lecio profi 'bod hi'n gallu gneud ffrindia' yn rhwydd.

(TAWELWCH ANESMWYTH, MAE GWRAIG 1 YN EDRYCH YN YMBILGAR AR EI MHERCH. MAE'R FERCH YN YSGWYD EI PHEN, AC YN SIARAD YN HERFEIDDIOL)

Y DDYNES: Ei merch hi ydw i.

GWRAIG 2: (MEWN ANGHREDINIAETH) Merch? (EDRYCH AR EI FFRIND) Dy ferch di?

(MAE TAWELWCH LLETHOL YN YSTOD Y SAIB HIR)

GWRAIG 1: Ia. (SAIB HIR, YN CAEL EI DDILYN GYDA GWRAIG 1 YN ADRODD HEB OSLEF YN EI LLAIS) Dim mab yng nghyfraith, dim wyrion, dim tŷ bach del, dim trip ar Sul.

(YN EI DRYSWCH MAE GWRAIG 2 YN SYMUD TUA'R FERCH)

GWRAIG 1: 'Does dim angen iti siarad efo hi. Mae hi ar fin gadael.

GWRAIG 2: (MEWN PEMBLETH) Felly, felly - i ble 'rwyt ti'n mynd ar y Sulia' felly?

GWRAIG 1: 'Dwi'n treulio'r rhan fwyaf ohonyn' nhw yn eista' ar y stesion - yn aros iddi fod yn amser i mi fynd yn ôl i'r cartra'.

GWRAIG 2: Dduw mawr!

Y DDYNES: (YN COFIO) Dydd Sul oedd hi. 'Roeddach chi'n eista ar y sêt fel tasa' chi'n aros am drên. 'Roedd hi'n andros o oer ac yn bwrw glaw.

GWRAIG 1: (YN CHWERW) Mae hi'n gallu bod yn oer ac yn wlyb ar ddydd Sul fel ar unrhyw ddiwrnod arall. 'Tydi'r Bod Mawr ddim yn gneud trefniada' arbennig.

Y DDYNES: Fe allech chi fod wedi cael 'niwmonia.

'S'dim ots gen i

GWRAIG 1: Piti garw.

GWRAIG 2: Felly dyna sut wyt ti'n gwbod popeth am trena' - a'r trefi gwylia'.

(MAE'N YSGWYD EI PHEN WRTH SYLWEDDOLI BETH SYDD WEDI DIGWYDD)

GWRAIG 1: Y dwsina' o weithia' y darllenais i'r posteri 'na i gyd. 'Dwi'n eu gwbod nhw i gyd ar fy nghof - "Travel Inter-City", "British Rail, the easy way", "Sunny Rhyl", a'r amserlen. "Mondays to Fridays; Sundays Only", "Football Excursions". (SAIB fer) 'Roeddan nhw'n ddigon ffeind i beidio a fy ngyrru i o'no. Chewch chi ddim loetran yno. Fe fydda' un o hogia'r relwe yn arfa dod a 'panad o de imi.

GWRAIG 2: Yr hen gryduras.

GWRAIG 1: (YN FFYRNIG) Paid ti a dechra' teimlo piti trosta' i. Yr hyn 'dwi'n wneud y fi sy' wedi dewis ei 'neud o. Mi wnes i greu byd bach i mi fy hun, un ffi i fyw ynddo fo.

Y DDYNES: Ond mam -

GWRAIG 1: (MWY FFYRNIG ETO) Cadwa'n ddigon clir oddi wrtha' i. 'Dyna'r cyfan 'dwi'n ei ofyn gen ti - am byth bythoedd. Fe wnes ti falu popeth oedd gen i 'rioed yn deilchion.

GWRAIG 2: Paid, - paid. Mae hi'n dal i fod yn ferch i ti. Mae'n perthyn i ti.

GWRAIG 1: 'Does gen i ddim o'i hisio hi. Fedrai ddim ei fforddio hi.

('DOES DIM RHAGOR I'W DDWEUD)

Y DDYNES: Welwch chi mohono i eto, byth. 'Dwi'n addo.

GWRAIG 1: Cadw d'addewid 'ta. Gwna di'n siwr o hynny.

(MAE'R FERCH YN GADAEL. MAE'R DDWY WRAIG YN EDRYCH YN SYTH YMLAEN MEWN TAWELWCH A LLONYDDWCH AM AMSER YNA AM FOMENT MAE WYNEB GWRAIG 1 YN DANGOS POEN. YN MEWN SYMUDIAD PRIN MAE YN CODI EI LLAW AC YN TYNNU BYS DROS EI LLYGAID, AC YN SYCHU EI BYS AR EI CHOLER. NID YW EI PHEN WEDI SYMUD A CHEIR LLONYDDWCH PERFFAITH UNWAITH ETO. MAE'R SYMUDIAD LLEIAF YN EI HEDRYCHIAD YN BRADYCHU DIDDORDEB GWRAIG 2 MAE'N ESTYN YN ARAF AM LLUNIAU)

GWRAIG 2: Pwy ydi rhain?

GWRAIG 1: 'Dwn i ddim. Mi ges i hyd iddyn' nhw mewn jymbl sêl. Dim ond y fframia

'S'dim ots gen i

	oeddwn i isio a deud y gwir - ond mi ddechreuais i edrych arnyn' nhw am sbel ac yn sydyn reit fe ddaetho' nhw yn real i mi.
GWRAIG 2:	'Dwi'n deall.
GWRAIG 1:	Na 'dwyt ti ddim. Fe fyddai pobol yn arfar gofyn? "Eich merch chi ydi honna? ac fe 'roedd hi'n hollol naturiol rhywsut i mi ddeud "Ia".
GWRAIG 2:	Ond 'roeddat ti wedi priodi, - 'doeddat ti?
GWRAIG 1:	Am tua blwyddyn. Fe adawodd o fi pan o'n i'n cael y babi. Mae hi - (GYDA SYMUDIAD AMWYS) yn tynnu ar i ôl o.
GWRAIG 2:	'Dwi ddim yn deall pam -
GWRAIG 1:	Paid a bysnesu. Byth. Neu siarada'i byth efo ti eto.
	(MAE SAIB HIR ETO, HYD NES BOD GWRAIG 2 YN CODI'R LLUNIAU ETO AC YN EDRYCH ARNYNT. YN SYDYN MAE YN RHOI UN YN LLAW GWRAIG 1)
GWRAIG 2:	Hwda, cadw nhw'n saff. Mae nhw'n ffedio yn yr haul a (YN FWRIADOL) mae o'n lun mor dda o'r ferch a'r plant. (TROSGLWYDDO LLUN ARALL) Er 'dwi'n credu mai hwn ydy'r un gora' o'r plant. Be' 'ti'n feddwl?
	(MAE Y DDWY YN EDRYCH AR EU GILYDD. MAE YNA DDYFALU, SYNDOD, A SIALENS. O'R DIWEDD MAE GWRAIG 1 YN EI GYMERYD MEWN SYMUDIAD SYDYN. YNA DAW Y FERCH IFANC YN ÔL. MAE'N AMLWG EI BOD YN GOFIDIO A BRON NAD YW YN ANWYBYDDU'R DDWY WRAIG)
GWRAIG 2:	'Dach chi'n dal i aros am 'ch cariad?
Y FERCH:	Na - o na. Fe ddois i 'nol - 'dwi'n meddwl mod i wedi colli rhywbeth yma.
GWRAIG 2:	B' ddaru chi golli?
GWRAIG 1:	Y - crib. Ia, dyna fo - crib. (MAE'R FERCH YN GWNEUD ARWYDD O CHWILIO. GWRAIG 2 YN EI HELPU)
GWRAIG 2:	'Fedra'i mo'i weld o.
Y FERCH:	Mae'n debyg mod i wedi 'i adael - mae'n debyg mod i wedi 'i adael o yn y swyddfa.
GWRAIG 2:	Fe ddaeth y'ch cariad chi felly?
Y FERCH:	Naddo. Fe - gafodd o'i ddal. Fe - anfonodd rhywun i ddeud wrtha'i - am beidio aros.

'S'dim ots gen i

GWRAIG 2: Wela 'i.

Y FERCH: Fe'i gwela' i o heno wrth gwrs. Wel mae'n rhaid i mi fynd yn f'ol i'r swyddfa 'rwan, neu mi fyddai 'n hwyr. Da bo'chi - a - diolch i chi am fy - fy helpu i. (YN MYND ALLAN AR FRYS)

GWRAIG 1: Celwydd. Celwydd, mwy of gelwydd, celwydd, celwydd...

GWRAIG 2: Paid a phoeni. Ddylia ti ddim poeni.

(Y DDWY YN GWNEUD EU HUNAIN YN GYFFORDDUS AR Y FAINC UNWAITH ETO. MAE'R HAUL YN TYWYNU, AMSER YN MYND HEIBIO A BYWYD YN MYND YN EI FLAEN)

GWRAIG 2: Meddwl 'roeddwn i - mi fydd hi'n benblwydd ar yr ŵyr ym mis Tachwedd 'n bydd? Beth am i ti a fi 'neud siwmper iddo fo? 'Roeddat ti'n son am 'neud un goch iddo fo, un efo gwddw' uchel.

GWRAIG 1: Oeddwn. Oeddwn, mi oeddwn i.

GWRAIG 2: Fe ddylet ti gael y 'dafedd reit fuan a dechra' arni.

GWRAIG 1: Ond...

GWRAIG 2: Siwmper goch efo gwddw' uchel.

GWRAIG 1: Ia.

GWRAIG 2: Mi f'aswn i yn dy helpu di efo'r darna' syth.

(YN ARAF MAE GWRAIG 1 YN DOD ALLAN O'I CHYFLWR O SYNNU, YN ÔL I REALITI BYWYD)

GWRAIG 1: Ti?

GWRAIG 2: Ia, fe licwn i dy helpu di.

GWRAIG 1: Helpu efo'r gwau?

GWRAIG 2: Ia.

GWRAIG 1: Wel, 'dwn i ddim am hynny. Mae plant yn fyssy'r dyddia' 'ma.

GWRAIG 2: 'Does dim byd yn bod ar fy ngwau i.

GWRAIG 1: Fe wnes ti andros o lanast' o'r clytia' llestri wnest ti i'r ffair 'dolig. Brynodd neb 'run.

GWRAIG 2: Reit, gwna'r siwmper dy hun 'ta.

'S'dim ots gen i

GWRAIG 1: Does dim angen iti lyncu mul. Mae'n rhaid i ti wynebu ffeithia'. A'r gwir ydi, fedri di ddim gwau.

(MAE GWRAIG 2 WEDI EI BRIFO. DERBYNNIR HYN GAN EI FOD YN NORMAL)

GWRAIG 1: Ol reit 'ta. Ond dim ond y darna' syth. (SAIB. MAE HI'N SIARAD BRON YN FECANYDDOL) Gwranda. Rhaid mai honna ydi'r chwarter wedi hanner dydd i Gaergybi.

GWRAIG 2: Fedar hi ddim bod. Fe welon ni honno gynna - wyt ti ddim yn cofio?

GWRAIG 1: O do. Fe ddaru ni. 'Sgwn i pa un ydi honna 'ta?

GWRAIG 2: Tydio ddim fel y ti i fod yn 'rong efo trena'.

GWRAIG 1: Na. Ond mi 'rydan ni gyd yn gneud camgymeriada'. 'Does neb yn an-anff-anffael-anffaeledig.

GWRAIG 2: Fyddi di'n mynd i lan mor neu am drip bach i'r wlad y Sul nesa'?

GWRAIG 1: Eh?

GWRAIG 2: Sul nesa'. Ble'r ei di, i lan y môr neu i'r wlad?

GWRAIG 1: I lan môr mae'n debyg. Mae'r ferch yn lecio i mi gael dipyn o wynt y môr cyn y gaea'.

GWRAIG 2: Paid ag aros tan heno. Deud wrtha' i eto be' wnes ti ddoe?

GWRAIG 1: Be, 'rwan?

GWRAIG 2: Ia, 'rwan.

GWRAIG 1: O, ol reit. (MAE HI'N GWNEUD YMDRECH) Wel pan gyrhaeddais i'r tŷ mi...

GWRAIG 2: Na - o'r dechra' - o'r amser y gadewais' li'r cartra'.

GWRAIG 1: O'r dechra'?

GWRAIG 2: A deud wrtha'i eto am yr ardd.

GWRAIG 1: Yr ardd. Ia yr ardd. (EI LLAIS YN SYDYN YN FWY CADARN) Mae'n rhaid i ti ddod efo fi un o'r Sulia' 'ma. Mae'r ferch o hyd yn gofyn i mi ddwad a ffrind efo mi - ffrind speshial.

GWRAIG 2: O ffrind speshial. Mi fasa hynny yn hyfryd. Yn wirioneddol hyfryd. Mi faswn i yn mwynhau hynny.

'S'dim ots gen i

GWRAIG 1: Mi fasa'n rhaid i ni ddewis dwrnod braf i gael gweld yr ardd.

GWRAIG 2: O ia, fe wnawn ni. A son am y tywydd, mae metron yn deud fod y rhagolygon yn dda. Me allwn ni ddwad yma eto 'fory.

GWRAIG 1: 'Dwn i ddim sut yr ydan'i yn gallu dal yr holl "excitement".

GWRAIG 2: 'Rwyt ti isio dod yma 'fory eto ond wyt ti?

GWRAIG 1: Siwr of fod. 'Falla y bydd hi'n well 'fory.

(Y DDWY YN NESAU AT EU GILYDD)

GWRAIG 2: Dechreua 'rwan - am ddoe.

GWRAIG 1: Ddoe. Wel, fel ti'n gwbod, mi adewis i'r cartra' am hanner awr wedi deg. Mi ddalais yr un tren ag arfar ac fe ddaeth y ferch i 'nghyfarfod i efo'r plant. 'Roeddan nhw'n gwisgo 'sgidia' newydd. Wedyn fe aethon ni i gyd yn ol...

(MAE'R LLAIS YN TAWELU WRTH I'R LLENNI DDISGYN A'R GOLEUADAU OSTWNG - YN EIN TORRI I FFWRDD)

Y DIWEDD